강화 아이들이 만든
두근두근 강화 이야기 2
- 4학년 편 -

강화 아이들이 만든
두근두근 강화 이야기 2
- 4학년 편 -

합일초등학교 4학년 지음

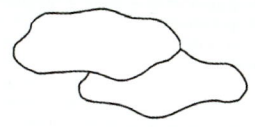

추천사

"강화도는 자연환경과 문화, 생태, 역사와 관련한 교육활동에 친근하게 다가갈 수 있는 최적의 장소이다. 이 책은 강화도 합일초등학교 아이들이 선생님과 친밀한 관계 속에서 배우고 익힌 내용을 친구들과 머리를 맞대고 엮어 낸, 정성과 땀이 그대로 묻어난 그림책이다.

이러한 과정을 통해, 학생들은 마을의 공동체로서 강화도를 이해하고 사랑하며, 자신의 결대로 자라날 수 있을 것이다."

— 김미자 합일초등학교장

"읽고 걷고 보면서 기록한, 강화도의 자연과 아이들의 삶이 어우러진 아름다운 이야기!

그림책 만들기 과정은 다른 곳에서 찾아보기 힘든 진귀한 자연 그대로, 강화도만이 제공하는 특별한 순간들을 발견하는 것으로부터 시작한다.

교사는 교실 안과 밖을 넘나들며, 아이들이 학습하며 느낀 마음과 생각을 놓치지 않고 오롯이 그림책에 담을 수 있도록 돕는다.

아이들은 경험과 상상이 친구처럼 살아있는 존재가 될 것이며, 교사와 물리적 관계를 넘어 의미 있는 관계가 뿌리 깊은 나무처럼 뻗어 갈 것이다."

— 조선미 인천광역시교육청 세계시민교육과장

"스스로 계획을 세우고 과정을 수행하며 목표를 이루어 가는 것은 흥미진진한 도전이다. 강화 합일초등학교의 학생들은 자신들의 역량을 모아 이러한 프로젝트 수업을 진행했다. 그리고 그 모든 과정을 그들의 꿈과 함께 『강화 아이들이 만든 두근두근 강화 이야기 2』에 담았다."

— 김성환 인천광역시강화교육지원청 교육장

 들어가며

강화 아이들이 만든 두근두근 강화 이야기
두 번째 이야기를 펴내며…

    지난해 출판했던 『강화 아이들이 만든 두근두근 강화 이야기』에 이어, 올해 두 번째 이야기를 만들게 되었습니다.
    1편은 마을과 연계한 교육활동 중 핵심적인 이야기를 학년별로 한 편씩 담았다면, 이번에는 4학년 학생들의 1년간의 프로젝트 활동을 종합적으로 정리해 엮었습니다. 프로젝트 수업 활동의 내용을 좀 더 자세히 풀어낸 버전이라고 생각하면 될 것 같습니다.

    학교의 교육은 학생들의 삶을 담아야 하고, 수업의 내용은 아이들이 살고 있는 마을과 맞닿아 있어야 한다고 생각합니다. 이러한 교육이야말로 교과서로 배우는 정형화된 배움이 아닌, 학생들이 자신의 삶과 연관 지어 만들어 갈 수 있는 살아있는 배움일 것입니다.

    개정된 교육과정에서 강조하고 있는 학교 교육과정의 지역화, 자율화는 학교가 소재한 마을의 다양한 교육적 자원을 활용하고 마을을 알고 배우는 교육이어야 할 것입니다. 미래의 교육이 지향하는 흐름 속에서 우리가 마을과 연계한 교육을 하며, 그러한 교육활동이 담긴 그림책을 제작하여 학교의 특성화된 교육과정을 지속 가능하게 하는 것이 우리가 그림책을 만들게 된 가장 중요한 이유입니다.

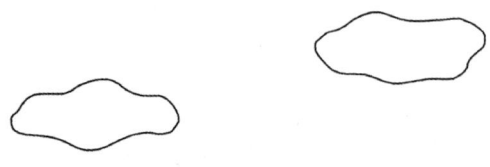

　책을 만드는 데 함께한 합일초 4학년 학생들 모두 자신의 생각을 글로 잘 풀어내거나, 그림이라는 도구로 완벽하게 표현하지는 못했습니다. 비록 투박한 필체와 거칠고 소박한 그림일지라도 제작된 그림책이 다시 배움의 소재가 되고, 마을에 대하여 좀 더 자세히 알 수 있는 길잡이가 되며, 내가 살고 있는 마을을 사랑하게 되는 토양이 된다면 그것만으로 충분히 가치가 있을 것입니다.
　두 명의 4학년 선생님이 그림책을 출간하는, 힘든 과정을 이겨낼 수 있었던 원동력은 바로 여기에 있다고도 볼 수 있습니다.

　이번 이야기는 지리적으로 '강화도'라는 섬이 가지고 있는 생태와 환경, 문화와 역사, 평화 등 다양한 교육의 소재를 교육과정 재구성의 큰 틀에서 주제 중심의 프로젝트로 구성한 내용을 담은 것이자, 그 활동의 결과물로 학생들이 알게 된 내용을 중심으로 여러 형식의 이야기로 풀어냈습니다.

　이 책이 합일초 학생들뿐 아니라 마을과 연계된 인근 학교의 교육활동에서 소중한 자료로 쓰이고, 더 나아가 마을 교육에 관심을 가지고 있는 선생님들에게도 좋은 길잡이가 되었으면 하는 바람입니다.
　마지막으로 그림 제작에 도움을 준 합일초 임나연 학생에게 감사의 마음을 전합니다.

2023학년도 4학년 담임 김윤영, 최웅희 선생님

목차

추천사　　5
들어가며　　6

환경·생태 편
아기 저어새 실종 사건　　13
아장이의 대모험　　25
버리지 말고, 버려 주세요!　　37
깜장 탐정 사무소　　47

평화·역사·문화 편
강화도, 독립운동을 외치다!　　61
평화의 길을 걸으며 통일을 꿈꾸다!　　73
의궤를 찾아서　　83
수저와 가락이의 얼렁뚱땅 강화 여행　　93

교육과정 연계　　109
부록　　113

환경·생태 편

아기 저어새 실종 사건

등장인물: 저어새 알, 연구원, 저돌이(아기 저어새), 엄마 저어새, 아빠 저어새, 망둥어 탐정, 칠게(할아버지), 윤하

장소: 강화도 각시바위, 갯벌, 연구실, 바다 카페 앞, 강화도 공설운동장 옆 놀이터

이야기 배경: 평화로운 어느 날 밤, 저어새를 연구하는 연구원이 저어새의 서식지인 각시바위에 몰래 침입했다. 아무도 모르게 알을 가져가려는데, 잠에서 깬 아기 저어새가 그 모습을 보고 말았다. 마침 연구소에서는 아기 저어새와 관련한 연구도 진행하고 있었다. 그리하여 연구원은 아기 저어새도 몰래 데려간다.

해설: 평화로운 어느 날 밤, 저어새를 연구하는 연구원이 저어새가 살고 있는 각시바위에 침입했다.

연구원: (살살 바위에 올라서며) 자, 이제 슬슬 저어새 알을 가져가 볼까?

해설: 그때 저돌이가 그 모습을 봐버렸다.

저돌이: 헉! 사람이잖아? 누… 누구세요? 무서워요.
내 동생을 데려가려고 하다니 절대 용서 못 해!

연구원: 마침 아기 저어새도 연구하는 중이니 아기 저어새도 데려가야겠어.

해설: 다음 날 아침, 잠에서 깬 엄마, 아빠 저어새가 알과 저돌이가 없는 것을 보았다.

아빠 저어새: (엄청 놀란 목소리와 경악스러운 표정으로) 어?! 우리 알이 어디 갔지?

엄마 저어새: (깜짝 놀란 표정과 큰 목소리로) 여보, 우리 저돌이도 사라졌어요!

해설: 깜짝 놀란 엄마, 아빠 저어새는 망둥어 탐정에게 도움을 청했다.

엄마 저어새: 망둥어 탐정님, 흑흑흑 우리 알과 저돌이 좀 찾아주세요! 아직 알 속에서 깨어나지 않아서 몹시 겁먹었을 텐데요, 죽지는 않았겠죠?

망둥어 탐정: 제발 진정하세요. 탐정인 제가 찾아드리죠. 흠….

해설: 망둥어 탐정은 주변을 돌아다니며 여기저기 지문 채취를 시작했다.

망둥어 탐정: (놀라고 뿌듯한 목소리, 표정으로) 와우! 드디어 지문의 주인을 찾아냈다! 역시 나야!

해설: 그 시각, 연구실에 있는 연구원이 알과 저돌이를 관찰하고 있었다.

연구원: 음… 부리가 넓적한 건 맞지만 아기라서 아직은 부리가 노란색이네.

해설: 그때 배가 고파진 연구원의 배에서 꼬르륵 소리가 났다.

연구원: 아… 새벽부터 종일 저어새 연구에만 몰두했더니 배가 몹시 고프군. 샌드위치라도 먹으러 갔다 와야겠어. (문을 열고 나가면서) 얘들아, 얌전히 있어라. 너희들이 다치면 안 되니까….

해설: 연구원이 나간 뒤, 저돌이는 우연히 바닥에 떨어져 있는 열쇠를 발견했다. 저돌이는 넓적한 부리로 열쇠를 잡아 알과 함께 탈출했다.

저돌이: (주위를 두리번거리며) 부모님이 몹시 걱정하실 텐데. 여기는 어디지? 안 되겠다. 엄마, 아빠를 찾아가야겠어!

해설: 밖으로 나간 저돌이는 칠게 할아버지를 만났다.

저돌이: 칠게 할아버지? 혹시 저랑 비슷하게 생긴 엄마, 아빠 저어새를 보았나요?
칠게: 너는 노랑부리저어새구나. 아니다, 아직 어려서 색깔이 그런가? 아무튼 너는 저어새구나. 너랑 비슷하게 생긴 새를 저~~쪽 바다 카페 앞에서 보았단다.
저돌이: 바다 카페요? 네! 감사합니다! 이제 엄마, 아빠를 찾을 수 있겠죠?!

해설: 인사를 하고 나서 저돌이는 엄마, 아빠를 찾으러 갔다. 하지만 엄마, 아빠를 찾을 수 없었다.

망둥어 탐정: 큰일이구나. 이렇게 시간이 흘러가면 애들이 위험할 텐데…. 아직까지 저돌이를 찾지 못했으니 전단지를 붙여야겠어!
(전단지를 여기저기 붙인다)

해설: 그날 저녁, '윤하'라는 아이가 친구들과 놀다 집에 갈 때 '저어새를 찾습니다'라는 전단지를 발견했다. 윤하는 망둥어 탐정에게 전화를 걸었다.

아기 자여새 실종 사건　19

윤하: (띠리링) (놀란 듯한 목소리로) 탐정님! 제 이름은 박윤하입니다. 제가 저돌이를 찾았어요! 여기는 강화도에 있는 작은 영화관 근처거든요. 지금 그 앞에 있는 공설 놀이터로 와 주세요!

해설: 망둥어 탐정이 공설 놀이터에 도착했다.

망둥어 탐정: 윤하야, 박윤하! 너 어디니? 저돌이랑 알은 무사한 거니?
윤하: (뛰어가며) 저 놀이터예요! 어?! 저기 보여요!
저돌이: (두렵지만 반가운 목소리로) 어?! 망둥어 탐정님~ 우리 엄마, 아빠는 어디 있어요? 무서워요. 엄마, 아빠를 보고 싶어요.

해설: 바로 그때 엄마, 아빠 저어새가 저돌이에게 날아왔다.

저돌이: 엄마! 아빠!
망둥어 탐정: 드디어 저어새 가족이 모두 모였군… 못 찾는 줄 알았는데 무척 뿌듯하구나!

해설: 그 순간 알이 깨지며 새끼 저어새가 태어났다.

저어새 알: 큐우리~ 큐우리~
아빠 저어새: 우리 알이 태어났어요! 깨어나지도 못하고 영영 헤어지는 줄 알았는데….
엄마 저어새: 어머! 진짜네요!! 사람들이 우리 저어새가 점점 사라지고 있다는 것을 알면서 왜 보호를 하지 않는 건지, 너무 속상하네요.
연구원: (멀리서 뛰어오면서) 헉헉헉… 저기요, 우리는 저어새를 연구하는 팀입니다. 저어새를 없애려고 하는 것이 아니라 멸종위기에서 벗어나게 하려고 연구하는 중입니다.
알을 몰래 가져가서 정말 미안해요.

저돌이: (부모님을 바라보면서) 엄마, 아빠! 무섭기는 했지만 아저씨가 우리를 괴롭힌 것은 아니에요. 우리를 살펴보면서 뭘 적고, 사진을 찍고, 우리가 다치지 않게 보살펴 주기도 했어요. 내 다리에 위치추적기도 달아줬어요.

아빠 저어새: 위치추적기라고? 이걸로 우리가 다니는 곳을 알아보는 건가요? 그러면 우리를 더욱 안전하게 보살펴 주세요. 갯벌이 안전해야 우리도 안전해져요.

연구원: (허리를 숙이며) 죄송합니다. 우선 알이 깨어났으니 저돌이와 아기가 자란 다음에 다시 우리를 만나러 와 줄 수 있나요? 내년 봄에도 꼭 강화도 각시바위로 날아와 주세요.

해설: 저돌이네 가족은 그러겠다고 약속하고는 그곳을 떠났다. 저돌이 가족은 행복하게 지냈고, 망둥어 탐정은 이후에도 사건을 잘 해결하는 탐정이 되었다고 한다.

이야기를 읽은 후

이야기 속 인물들은 실종된 아기 저어새를 찾기 위해 각각 어떤 노력을 했나요?

_____

멸종위기에서 저어새들을 보호하기 위해 사람들은 무엇을 할 수 있을까요?

_____

아장이의 대모험

아장이는 북극 마을에 사는 아기 북극곰이에요. 그리고 그 옆에 남극 마을에 사는 펭귄 펭펭이가 있어요. 극지방은 기후 위기 때문에 빙하가 대부분 녹아 버렸어요. 아장이는 하루아침에 부모님도, 삶의 터전인 빙하도 잃어버리고 말았답니다. 아장이는 소원을 들어주는 신인 오로라를 찾아가기로 결심했어요.
"안녕? 난 북극 마을에 사는 아장이라고 해!"
"반가워. 난 남극 마을에 사는 펭펭이야."
"나는 우리 엄마, 아빠랑 빙하를 되찾기 위해 오로라에게 소원을 빌려고 해. 너도 나와 같이 모험을 떠나지 않을래?" 아장이가 말했어요.
"그렇다면 서둘러야 해~! 지금 이 시간에도 빙하는 계속 녹고 있어. 시간이 얼마 남지 않았으니 빨리 가자!" 펭펭이가 대답했어요.

오로라를 찾으러 가는 동안 아장이가 말했어요.
"사람들이 화석연료를 너무 많이 써서 지구의 공기가 점점 따뜻해지고 있어. 이로 인해 요즘은 기온이 급격히 올라서 기후변화가 매우 심각해."
"맞아, 기후변화 때문에 다양한 생물들이 살기 어려워지고 점점 죽어가고 있어." 펭펭이도 맞장구를 쳤어요.
"어? 어!! 펭펭아 위험해!!" 갑자기 빙하가 녹아떨어지면서 하마터면 펭펭이가 추락할 뻔했어요.

"휴, 정말 큰일 날 뻔했어. 펭펭아, 뒤 좀 돌아보면서 걷지 그랬어. 나 없었으면 어쩔 뻔했냐고!" 아장이가 펭펭이를 다그쳤어요.
"정말 고마워. 네가 없었으면 난 낭떠러지에 떨어져 죽고 말았을 거야." 펭펭이가 고마워했어요.

"펭펭아, 근데 넌 어디로 가고 있었어?" 아장이가 물었어요.
"응, 사실은 나도 오로라에 소원을 빌러 가던 길이었어! 남극 주변에 맛난 물고기가 사라지고 있어서 먹을 게 별로 없어. 우리 펭펭마을 주민들 대부분이 굶주림에 힘들어하고 있지." 펭펭이가 슬픈 목소리로 말했어요.

"기후 위기로 인하여 생태계가 파괴되어서 그래. 이 모든 건 이기적인 사람들 때문이야."
"이럴 게 아니라 얼른 오로라를 찾아 소원을 빌러 가자!"
아장이는 펭펭이를 재촉했어요.

아장이와 펭펭이가 손을 잡고 걷는 중이었어요.
그때!! "우르르…" 하는 괴성과 함께 갑자기 빙하가 녹아내렸어요.
"펭펭아, 조심해!" 아장이가 말했어요.
"으악! 빙하가 빠르게 녹고 있나 봐!" 펭펭이가 소리쳤어요.

한참을 가던 중, 저 멀리서 서서히 무언가 보이기 시작했어요.
"아장아, 저기 봐! 오로라 인가 봐." 펭펭이가 말했어요.
아장이와 펭펭이는 떨어진 빙하 조각을 피해 가며, 재빠르게 오로라가 있는 곳으로 달려갔어요.

마침내 눈앞에 오로라가 펼쳐졌어요.

"와, 드디어 우리가 오로라에 도착했어!" 아장이와 펭펭이는 무척 기뻐했어요.

아장이와 펭펭이는 오로라를 보면서 각자 이루고 싶은 소원을 빌었어요.
"빙하가 다시 생겨서 엄마, 아빠가 저에게로 돌아오게 해주세요." 아장이가 소원을 말했어요.
"물고기가 다시 살아나게 해주시고 빙하가 녹지 않게 해주세요." 펭펭이도 소원을 빌었어요.
그리고 둘은 함께 외쳤어요. "사람들이 기후 위기가 얼마나 무서운 것인지 깨닫게 해주세요."

두 친구의 말이 끝나자마자, 오로라가 반짝이기 시작했어요.
순식간에 빙하가 다시 생겨나고, 아장이의 부모님과 물고기도 모두 돌아왔어요.

저 멀리에서 오로라의 목소리가 들리기 시작했어요.

우리는 지구 온난화로 인한 기후변화로 큰 위기를 마주하고 있습니다.

지구에 사는 모든 동식물들과 함께 어울려 살 수 있도록,

화석연료 사용을 줄여야 합니다.

아직 늦지 않았습니다.

기후 위기는 우리 모두의 노력과 협력으로 극복할 수 있습니다.

소중한 자원을 아껴 사용하고, 친환경 생활을 실천함으로써

우리의 지구를 보호할 수 있습니다.

수많은 생명이 다시 살아갈 지구를 위해 여러분이 주인공이 되어 주세요.

지구를 지키는 환경 지킴이는
바로 **당신**입니다.

이야기를 읽은 후

지구 온난화로 인하여 생긴 기후변화는 무엇이고,
동물들은 어떤 어려움을 겪고 있나요?

_____

점점 심해져 가는
기후 위기를 극복하기 위해
우리가 실천할 수 있는
작은 행동들에는
무엇이 있을까요?

_____

버리지 말고, 버려 주세요!

안녕하세요? 영차영차 옆으로 씩씩하게 걷는 나는 태어난 지 3개월이 된 흰발농게예요. 한쪽 집게발이 몸집만큼 커서 모두들 나를 신기해하지요. 아 참, 나는 강화도 화도면 해안남로에 있는 바닷가의 갯벌에 굴을 파고 살아요. 질퍽질퍽 갯벌은 나의 천국이랍니다.

그날도 어김없이 갯벌에서 짱뚱어와 숨바꼭질을 하고 있었어요. 저 멀리 보이는 알록달록 예쁜 바위 같은 게 있지 뭐예요. 그래서 나는 거기 안으로 들어가 숨었어요. 나와 그 바위는 색깔이 비슷해서 짱뚱어는 한참이나 나를 찾지 못했어요.

"못 찾겠다, 꾀꼬리!"
술래에 지친 짱뚱어의 목소리는 힘이 빠진 듯했어요.
"하하하, 여기에 숨어 있었지롱"
나는 이겼다는 생각에 으스대고 잘난체하며 나가려 했어요.
먼저 집게발을 번쩍 들어 올리면서 승리의 브이를 해 보이고 싶었지요.
하지만 그때 사건이 시작되었어요.
나의 자랑거리인 왕 집게발이 예쁜 바위에 걸려 아무리 빠져나오려고 발버둥을 쳐도 나올 수 없었지 뭐예요. 저 멀리서 짱뚱어가 소리치며, 펄쩍펄쩍 갯벌 위를 날 듯이 미끄러져 왔어요.

"넌 왜 위험하게 낚시 그물에 들어가 있는 거야? 거기에 걸리면 빠져나오기 힘들어."
짱뚱어는 걱정하며 말했어요. 내가 무서워서 계속 울자 짱뚱어는 재빨리 알락꼬리마도요를 불러왔어요.

살았다는 안도감에 아픔은 잠시 잊고 주변을 둘러보니, 내가 걸린 것과 같은 그물 더미들이 여기저기에 많이 흩어져 있었어요.
짱뚱어는 소곤거리며 알려줬어요.
"저건 사람들이 버린 깨진 유리 조각들이야. 저건 플라스틱 페트병, 저건 찢어진 비닐봉지, 그리고 이건 낚싯바늘이지. 여기서는 놀면 안 돼. 오늘은 운 좋게 살았지만, 다음에는 영원히 사라질 수도 있거든."
나는 너무 무서웠어요. 갯벌은 나의 놀이터였는데 이제 보니 죽음의 터로 느껴졌어요. 제발 우리 좀 도와주세요.
이 이야기를 읽는 당신이라도 바닷가 주변에 쓰레기를 버리지 말아 주세요.
'나 하나쯤이야'라는 생각은 버려 주세요.

이야기를 읽은 후

갯벌에서 흰발농게와 짱뚱어는 숨바꼭질을 하다가 어떤 위험에 처했나요?

_____

해양 쓰레기의 종류를 알아보고, 해양 쓰레기의 양을 줄이기 위해 우리가 할 수 있는 일을 세 가지 이상 적어 보세요.

_____

깜장 탐정 사무소

짹~♪ 짹~♬
아름다운 새소리가 들리는 평화로운 이곳은 열매마을입니다. 이 마을에는 사건을 잘 해결하는 유명한 탐정 깜장이와 그의 조수 짹이가 함께 살고 있어요.

"띵~동!" 초인종 소리가 탐정 사무소에 울렸어요.
"택배 왔습니다!" 집배원인 뻐꾹 씨가 문 앞에서 말했어요.
초인종 소리에 깜장 탐정이 택배를 받으러 나갔어요.
"집배원님, 감사합니다."
"여기 사인 좀 부탁드립니다."

"근데 있잖아요, 탐정님, 그 이야기 들어보셨어요?"
"무슨 이야기요?"
"지난번에 비둘기 뉴스를 보니, 새들이 날아다니다가 무언가에 부딪혀서 엄청 많이 죽었대요. 올 한 해만 해도 800만 마리가 넘는 새가 죽었다는데요?"
"탐정님께서 한번 알아봐 주시는 것은 어떨까요?" 집배원 뻐꾹 씨는 깜장 탐정에게 부탁했어요.
'그렇게 많은 새들이 죽어 나간단 말이지?' 깜장 탐정이 중얼거렸어요.

깜장 탐정은 조수 짹이를 데리고 사건을 조사하기 위해 열매 병원에 갔어요.

다친 새들이 서로 이야기를 나누는 중에 제비가 쫑알쫑알 말했어요.
"저는 흥부에게 박씨를 가져다주고 돌아오는 길이었어요. 근데 갑자기 쾅! 하고 어딘가에 크게 부딪혔어요. 눈을 떠보니 병원이었답니다. 살아 있는 것만 해도 정말 다행이라고 생각해요. 흑흑."

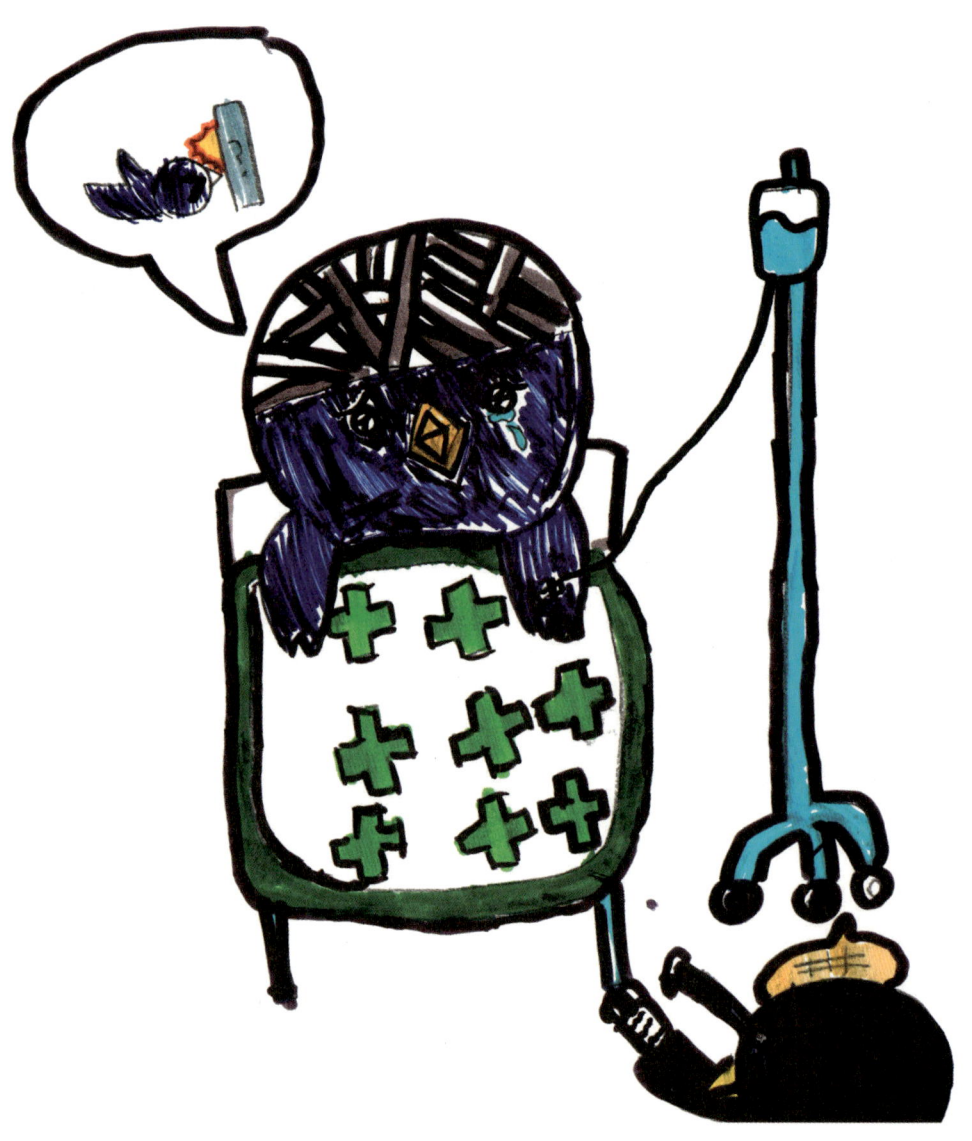

부엉부엉 부엉 씨도 말했어요.
"사냥에 성공하고 돌아가는 길이었어요. 밤이라 주변이 깜깜했는데, 저 멀리 빛이 보이는 거예요. 저는 홀린 듯 그곳으로 날아갔어요. 그러다 정신을 차려보니 날개뼈가 부러져 있었답니다."
"참으로 안타깝네요. 자세한 원인을 찾기 위해서 사고 현장으로 가봐야겠어요."

새들의 말을 들은 깜장이는 짹이와 함께 사건 현장으로 날아갔어요.

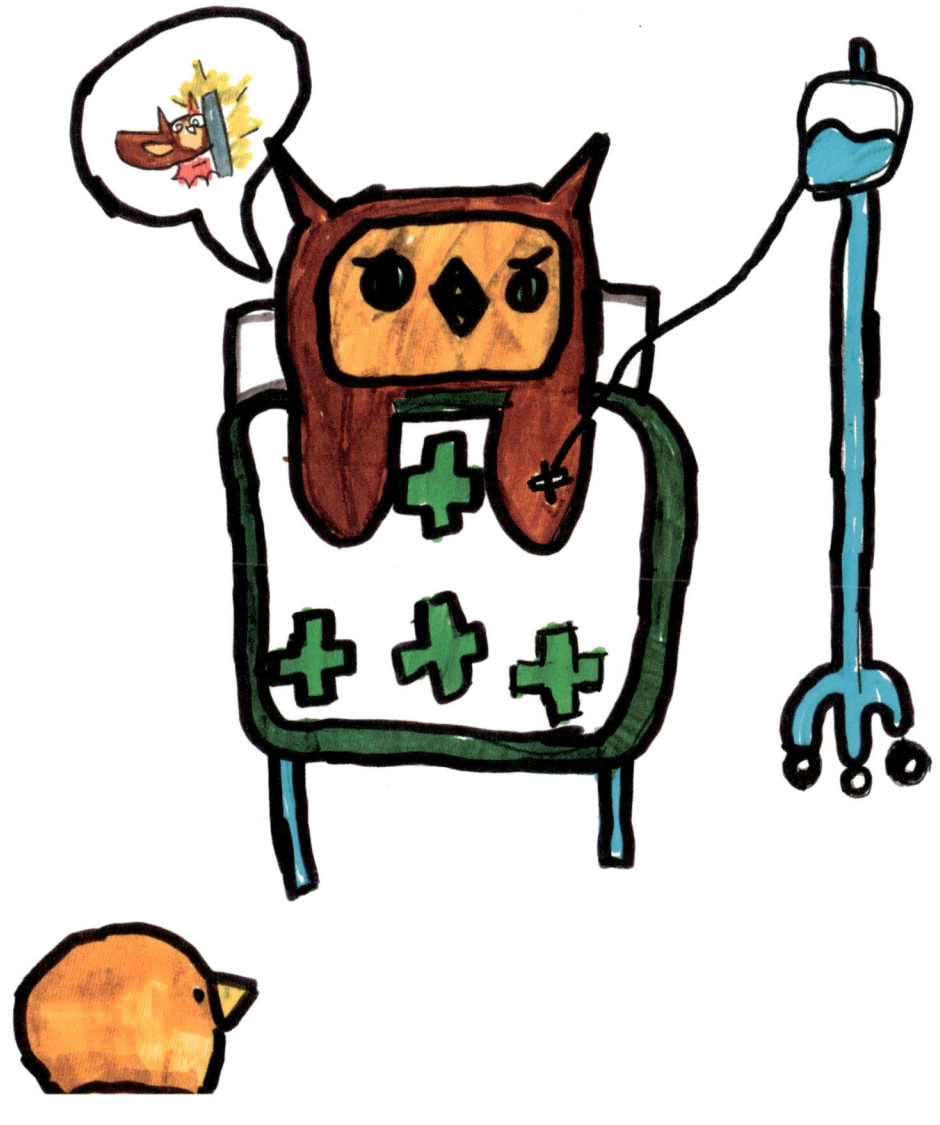

깜장 탐정과 조수 짹이는 그곳에서 쓰러져 있는 새를 발견했어요.

새는 차가운 바닥에 누운 채 앓는 소리를 내며 중얼거렸어요.
"조… 심… 해… 앞에 무언가가 막고 있… 어."

그때 펄럭펄럭 소리를 내며 기러기 떼가 몰려왔어요. 그리고 갑자기 "퍽!" 하고 부딪히는 소리가 들리더니, "쿵!" 하는 소리와 함께 기러기들이 하나둘씩 떨어졌어요.

'꼴깍. 정말 저기에 뭔가가 있나 봐.' 조수 짹이가 마른침을 삼키며 생각했어요.

깜장 탐정은 먼저 급히 구급차를 불러 기러기를 구출하고, 구급대원에게 상황을 설명했어요.

그동안 조수 쨱이는 기러기들이 부딪힌 곳으로 가서 아무것도 보이지 않는 허공 주변을 날개로 휘휘 저어 보았어요.

그러자 날개 끝이 무언가에 부딪혀 "통~ 통~" 하는 소리가 울렸어요.

'투명하면서, 반사가 되기도 하고, 딱딱한 이것은…' 한참을 생각하던 쨱이가 갑자기 소리쳤어요. "그래 이건!" 쨱이는 손으로 다리를 '탁!'하고 치며 깜장 탐정에게 달려갔어요.

"탐정님, 유리예요! 유리! 새들이 부딪힌 건 바로 유리라고요!"
그 말을 들은 깜장 탐정은 바로 사무실로 날아갔어요.

깜장 탐정은 사무실에 도착하자마자 수첩에 무언가를 적으며 중얼거렸어요.
'투명한 유리… 새… 뼈… 쉽게 부러진다….'

잠시 후, "드디어 원인을 찾았어!" 깜장 탐정이 소리쳤어요.
짹이가 놀라 쫑쫑 달려왔어요. "탐정님, 도대체 새들이 크게 다치는 이유가 뭐예요?"
깜장 탐정이 말했어요 "우리 새들은 잘 날기 위해서 뼈가 가벼워지도록 진화했어. 이로 인해 뼈 안에는 수많은 공기층이 있지. 덕분에 몸이 가벼워진 새들은 더 잘 날 수 있지만, 딱딱한 곳에 부딪히면 뼈가 부러지는 치명적인 상처를 입을 수밖에 없는 거야."

"탐정님, 그러면 우리는 어떻게 유리가 있다는 걸 알고 피할 수 있죠?" 짹이는 깜장 탐정에게 물었어요.

깜장 탐정이 말했어요. "그건 사람들의 노력이 필요해! 바로 조류 충돌 방지 스티커를 붙이는 거야!"
짹이가 놀라 말했어요. "스티커요?"
"응, 맞아. 예전에는 우리를 보호한답시고 유리에다가 우리가 무서워하는 독수리 스티커를 붙였어. 그런데 효과가 별로 없었지."
깜장 탐정이 이어 말했어요. "사람들은 왜 새들이 독수리 스티커를 피하지 않는지 고민했고, 유리를 장애물로 생각하도록 하는 장치가 필요했어. 그래서 생겨난 것이 바로 작은 점으로 이루어진 조류 충돌 방지 스티커야."
깜장 탐정은 진지하게 말을 이어갔어요. "단, 스티커를 가로 10cm, 세로 5cm 간격으로 붙여야 해. 아무리 작은 새도 날개를 펴면 가로, 세로의 길이가 이를 넘어서 모든 새가 스티커를 장애물이라고 인식할 수 있기 때문이야."
"와, 충돌사고를 막을 수 있는 정말 좋은 방법이네요!" 짹이가 말했어요.

며칠 후, 깜장 탐정과 조수 짹이는 열매마을로 갔어요.
그리고 열매마을 주변에 투명한 유리에 스티커를 붙이기 시작했어요.
덕분에 열매마을에 사는 새들은 유리에 부딪혀 다치는 일이 사라졌답니다.

여러분도 꼭 잊지 말아 주세요.
우리의 소중한 새들을 살리는 약속!
<u>가로 10cm, 세로 5cm</u>를요.

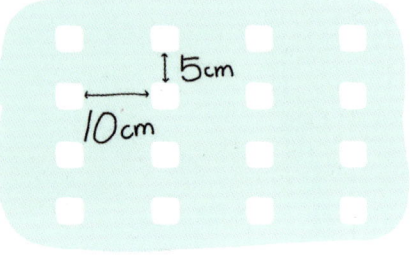

이야기를 읽은 후

유리에 부딪히는 새들이 치명적인 상처를 입거나 죽는 이유는 무엇인가요?

_____

충돌 방지 스티커를 가로 10cm와 세로 5cm 간격으로 붙여야 하는 이유는 무엇일까요?

_____

평화·
역사·
문화 편

강화도, 독립운동을 외치다!

등장인물: 김구, 조봉암, 유경근, 유봉진, 염성오, 조선인, 일본군 1, 2, 3, 스파이, 김합일

장소: 1905년 3월 3일 강화도, 1923년 4월 합일학교터, 감옥

이야기 배경: 일제 강점기에 우리 민족은 일본으로부터 해방을 위해 열심히 독립운동을 했다. 그중 김구, 조봉암, 유경근, 유봉진, 염성오는 강화도에서 목숨을 걸고 독립운동을 외친 실제 인물이다.

일본군 1: (일본군 2, 3을 바라보며) 우리 조선에 쳐들어가는 것이 어떻스무니까?

일본군 2, 3: (고개를 끄덕이며) 그래요. 우리 조선에 쳐들어갑시다!

조선인: (깜짝 놀라며) 저, 멀리 있는 전투기들은 뭐지? 설마. 설마? 일본군인가?

유봉진: 일본군이다! (소리치며) 안 돼, 도망가!!

일본군 3: 이제 조선은 우리 것이다!!

해설: 그렇게 일본은 조선을 차지하게 되고, 다른 나라까지 침략할 계획을 세웁니다.

김구: (독립운동가 5형제에게) 이제 우리 조선은 어떻게 하지요?

유봉진: (기뻐하며) 저에게 좋은 생각이 있습니다!! 바로 독립운동을 하는 것이죠!

유경근, 김구, 염성오: 어! 그거 좋은 생각인데요?

해설: 일본의 식민지가 된 후, 조선은 일본으로부터 벗어나기 위해 독립운동을 시작합니다.

일본군 1: 조선은 이제 일본의 식민지다! 앞으로는 우리가 시키는 대로 해!

조선인: 뭐라고? 무슨 소리를 지껄이는 거야? 우리는 조선인이야! 대한 독립 만세!

일본군 2: (당황하여 소리를 지르며) 너희들 도대체 무슨 짓을 하는 거야? 당장 그만두지 못해?

해설: 조선인들의 독립운동으로 일본인들은 충격을 받았습니다. 일본군의 탄압은 더욱더 가혹해졌습니다.

독립운동가 5형제: 안 돼! 도망가!

해설: 결국 김구 선생이 잡히고 말았습니다.

일본군 3: (김구에게) 너 평생 감옥에서 썩어날래, 아니면 여기서 당장 죽을래?
김구: (한참 고민하다가 뭔가 계획이 있다는 듯) 가… 감… 일단 감옥으로 가겠다.
일본군 1: (사악하게 웃으며) 당연히 그래야지. 그렇고말고. 우하하하하하.

해설: 그렇게 김구 선생은 악명 높은 감옥에 가게 되었답니다.

김구: 내가 이런 곳에 갇히게 되다니, 안 될 일이지. (잠깐 고민하다 깨달은 표정으로) 아하! 스파이를 부르면 되겠다! 스파이!!!!!
스파이: (몰래 김구가 있는 감옥으로 접근한다. 그러고는 김구가 갇힌 감옥 문을 열어주면서 조용하게) 어서 나오세요.
김구: 고맙소. (놀라며) 어? 저기 일본군이 쫓아오고 있어! 당신도 어서 피하시오!
일본군 2: 야! 너 이리로 안 와? 빨리 와! 거기 서란 말이야!
유봉진: 어? 저기 김구 선생이 아닌가?
조봉암: 그렇군. 김구 선생이 맞소. 그런데 멀리서 일본군이 뒤를 쫓아오고 있어요!
염성오: 김구 선생, 이리로 빨리 오세요! 어서 숨지 않으면 일본군에게 잡혀요!!
김구: (숨이 차올라 헉헉거리며) 알겠소. 어? 근데 뒤에 있던 일본군이…. 사라졌네?
유봉진: 어, 그러게? 도대체 어디로 간 거지? 어쨌든 지금이 기회에요. 어서 멀리 도망칩시다.

해설: 독립운동가 5형제는 갑자기 사라진 일본군이 의아했지만, 우선 합일터로 도망쳤습니다. 일본군은 사라진 독립운동가 5형제를 포기하고 다른 조선 인을 잡으러 갔습니다. 그렇게 많은 조선인들은 일본군들에게 맞고 또 맞 았습니다.

김구: 일단 나 혼자 합일터로 들어가겠소. 동지들은 나중에 들어오시오.

조봉암: (중얼거리듯) 그러시오. 다 같이 다니면 눈에 띄니 일단 혼자 가는 게 좋겠소.

김구: (합일터 안으로 들어가다 흠칫 놀라며) 여긴 현재가 아니라 미래잖아? 이게 어떻게 된 거지?
(이내 무언가 깨달았다는 듯 표정을 지으며) 뭐, 별일이야 있겠어… 근데 저건 내 모습을 한?
(한참을 바라보다가) 바로 내 모습을 한 석상이야!

김합일: (믿기지 않는다는 듯이) 저기 나만 보이는 건가? 김구다! 신기해. 김구 선생님 맞나요?

김구: 그래, 나는 김구란다. 과거에서 왔는데도 나를 아는구나. 너의 이름은 뭐니?

김합일: 저는 김합일입니다.

김구: 합일아, 다른 친구들한테 나를 본 사실을 비밀로 해줄 수 있겠니? 지금 여기서 내가 알려지면, 과거와 현재 그리고 미래에 큰 변화가 생길지도 몰라.

김합일: 알겠어요. 지금 독립운동을 하고 계신 거죠? 꼭 성공하세요! 강화도와 우리 합일초등학교가 지금 모습 그대로 유지할 수 있도록요.

해설: 그 말을 듣고 김구 선생은 고개를 끄덕이고는 다시 과거로 돌아갔어요.

염성오: 김구 선생! 다시 돌아왔군요! 우리 독립운동을 열심히 해서 반드시 조선의 독립을 이루어냅시다.

유봉진: (힘찬 목소리로) 그렇게 합시다. 우리 모두 거리로 나가 크게 외칩시다.

독립운동가 5형제, 조선인: 대한 독립 만세! 대한 독립 만세!

해설: 독립운동가 5형제는 다른 조선인들과 함께 독립운동을 했습니다. 그리고 시간이 흘러 1945년 8월 15일. UN 연합군이 일본에 핵폭탄을 쏘았습니다.

일본군 1: 안 돼! 핵폭탄이라니!
건물이 모두 폭파되고, 우리 일본인들도 다 죽게 됐다.

일본군 2, 3: 우리가 이제 항복할게! 항복, 항복이다.

조봉암: 와아! 와아!! 일본이 항복을 했어! 대한 독립 만세!

독립운동가 5형제: 이제 우리는 독립국가에서 살게 될 것이다.

유봉진: 너무 기쁘지 않소? 김구 선생? 근데 표정이 왜 그렇소? 선생은 독립을 한 것이 싫은 겁니까?

김구: (조금 힘이 없는 말투로) 기쁘오. 하지만…
우리의 힘으로 이룬 독립이 아닌데… 이게 진정한 독립이 된 것인가….

해설: 김구 선생님은 그렇게 한참 동안을 하늘을 쳐다보았습니다.

강화도, 독립운동을 외치다!

이야기를 읽은 후

이야기 속 독립운동가 5형제는 누구누구인지 찾아보고, 독립을 위해 실제 한 일을 조사해 보세요.

_____

이야기의 마지막 부분에서 김구 선생님께서 말씀하신 '이게 진정한 독립이 된 것인가….'는 무슨 의미일까요?

_____

평화의 길을 걸으며 통일을 꿈꾸다!

장소: 강화평화전망대, 강화도 평화길(고려천도공원)

"와, 평화전망대다. 할아버지, 어디를 그렇게 보세요?"
"저 멀리 북한을 보고 있단다."
"북한요? 왜 계속 보러 오세요? 벌써 10번도 넘었어요."
눈에 눈물이 고인 채로 휠체어에 앉아계시던 할아버지는 한참을 생각하시다가 입을 여셨다.
"어머니가 보고 싶구나. 당연히 돌아가셨겠지만… 어머니께서도 나처럼 이곳을 향해 계속 보고 있지 않았을지…."

우리는 집으로 돌아가기 위해 철책이 있는 산책길을 따라 휠체어를 밀면서 천천히 걸어왔다. 할아버지가 들려주신 얘기가 내 머릿속에 계속 맴돌았다.

할아버지는 한국전쟁 때 증조할아버지와 함께 전쟁에서 싸우셨다. 그때 증조할아버지는 폭발사고로 돌아가셨고, 할아버지는 왼쪽 팔을 잃으셨는데 그 사고로 집으로 빨리 돌아가지 못하셨다. 그 후 남북이 완전히 분단되어 증조할머니와는 끝내 만나지 못하고 헤어져 지내셨다. 우리 가족이 북한을 가까이 볼 수 있는 강화도에 사는 이유도 그 때문이다.

마침 내일은 학교에서 체험학습으로 평화길 걷기를 하는 날이다. 할아버지의 안타까운 사연이 머릿속에 맴돌아서 왠지 내일은 발걸음이 무거울 것 같다.

다음 날, 나는 4학년 친구들과 함께 철조망 건너편에 있는, 북한이 마주 보이는 긴 산책로에 도착했다. 이 길은 평화길이라고 불린다.

나와 친구들은 큰 태극기와 작은 태극기를 휘날리면서 고려천도공원이 있는 곳까지 계속해서 걸어갔다. 뒤에서 걸어오던 몇몇 친구들이 소리치기 시작했다.
"대한민국! 힘내세요!"
"평화통일! 염원해요!"
우리들은 약속이라도 한 듯 따라 외쳤고, 발걸음도 왼발 오른발 척척 맞추어서 걸었다.
깔깔대며 웃다가 외치고, 서로 마주 보고 외치는 게 재미있었다.

그렇게 우리들의 마음은 금방이라도 통일이 될 것만 같은 생각으로 가득 찼고, 걸으면 걸을수록 태극기는 더 힘차게 휘날렸다.

어제 할아버지의 마음과는 다르게 내 마음속은 이미 평화통일이 이루어진 것 같아 벅차올랐다. 내 마음이 새가 되어 파란 하늘을 날고 날아 우리 할아버지의 품에 안겼으면 좋겠다.

다음에는 철조망이 보이는 평화길이 아니라 철조망이 없는 통일길을 걸었으면 좋겠다. 껄껄 웃고 계시는 할아버지와 함께 그 길을 걸었으면 좋겠다.

이야기를 읽은 후

할아버지는 어떻게 해서 할아버지의 어머니와 헤어져 살게 되셨나요?

_____

남과 북이 평화통일을 이루기 위해 우리가 할 수 있는 일은 무엇이 있을까요?

_____

때: 조선시대 후기(1866년 병인양요), 현재

곳: 장각규네 집, 시장

나오는 사람들: 의궤, 장각규, 랑프, 엄마, 아빠, 사또

옛날 조선시대에 장각규라는 아이가 살고 있었습니다. 그러던 어느 날 아주 예쁜 동생이 태어났어요. 아이의 이름은 의궤였습니다. 이후 3년이라는 시간이 지났어요.

엄마: (의궤를 사랑스러운 눈빛으로 쳐다보면서) 정말 예쁘고 귀한 아이가 우리에게 왔어.
각규: 저도 여동생이 있어서 너무 좋아요.
엄마: 그래, 정말 그렇지? 의궤가 태어난 이후로 우리 집에 좋은 일만 계속 생기는구나.
가족들: 하하하.
아빠: 각규야, 오늘이 장날이라는데 우리 가족 모두 시장에 가보지 않을래?
각규: (신나는 목소리로) 네, 좋아요. 저도 시장에 가고 싶었어요.

집을 나선 가족들은 시장에 도착하고, 주변 상점을 둘러보다 한 가게 앞에서 발길을 멈추었어요.

엄마: (떡 가게의 떡을 바라보며) 어머! 이 떡 정말 맛있겠다!
각규: (간절하게) 엄마, 저도 먹고 싶어요. 이 떡 사주세요!
각규: (떡을 받아 얼른 입에 넣고 우물거리며) 오, 이건 너무 환상적인 맛이야.

부모님과 각규가 떡을 먹느라 정신이 없는 사이, 어린 의궤는 주변에서 혼자 놀고 있었습니다. 그때 저 멀리서 노란 머리를 한 남자가 다가왔어요.

랑프: (의궤에게 다가가서) 안녕? 꼬마 아가씨?
　　　(음흉한 목소리로) 맛있는 거 사줄게. 아저씨와 함께 가지 않을래?

랑프의 꼬임에 넘어간 의궤는 그만 그를 따라가고 말았습니다. 그리고, 어느 정도 시간이 흘렀어요.

아빠: (놀란 목소리로 주변을 서성이며) 어? 어?! 의궤가 어디 갔지?
각규: (크고 우렁찬 목소리로) 의궤야~ 의궤야~!!! 어디 있니~!
엄마: (다급하고 울먹이는 목소리로) 떡을 먹느라 정신이 팔려서
애가 어디로 갔는지도 몰랐네. 이를 어쩌면 좋아.

의궤를 찾기 위해 시장 여기저기를 찾아다닌 가족은 온 동네에 방을 붙여도 보았지만 결국 의궤를 찾지 못했어요. 며칠이 지나 결국 의궤의 부모님은 사또를 찾아갔어요.

사또: 무슨 일로 오셨는가?

아빠: (간절한 목소리로) 소문을 들으셔서 아시겠지만, 잃어버린 우리 의궤를 찾아주세요.

엄마: (눈물을 흘리며) 의궤는 우리에게 너무 소중한 아이입니다. 꼭 찾아야 합니다.

사또: 갑자기 사라진 의궤가 어디 있는지 모르겠지만, 우리도 최대한 찾을 수 있도록 노력해 보겠소.

엄마, 아빠: 제발 꼭 찾아주세요. 부탁드립니다.

의궤를 아무리 찾아다녀도, 의궤를 보았다는 사람은 아무도 없었어요. 그렇게 몇 년이 지난 어느 날이었어요.

사또: (문을 똑똑 두드리며) 거기 누구 계신가?

엄마: (사또의 얼굴을 보자마자 반가워하며) 사또, 그동안 잘 지내셨습니까? 이렇게 직접 저희 집에 찾아주시다니요. 혹… 시… 우리 의궤를?

사또: (밝고 목소리로) 그렇네. 의궤가 있는 곳을 찾았다네!

엄마: (눈이 휘둥그레지며) 그게 정말인가요? 아이고, 사또. 너무 감사합니다. 의궤는 어디에 있답니까?

사또: 의궤는 이곳이 아닌 저 멀리에 사는 랑프라는 친구네 집에 있다고 하네.

부모님은 수소문 끝에 랑프를 찾아갔고, 의궤를 만나게 해달라고 간곡하게 요청했어요. 끈질긴 설득 끝에 결국 부모님은 의궤를 만나게 되었어요.

엄마: (다급하게) 의궤야, 거기 있니?
의궤: (부모님께 달려와 흐느끼며) 엄마, 아빠. 너무 보고 싶었어요. 흑~ 흑.
아빠: 의궤야, 긴 이야기는 나중에 하기로 하고 얼른 우리 집으로 가자!
의궤: 그런데 제가 집에 가는 걸 랑프가 허락을 안 해줄 것 같은데 어떻게 할까요?

대화를 몰래 듣고 있던 랑프는 깊은 생각에 잠겼어요.

랑프: 그동안 정성껏 돌봐 왔지만, 의궤가 원한다면 가족에게 보내주겠다.

엄마, 아빠: (안도하는 목소리로) 정말요? 감사합니다!

랑프: 단, 한 가지 조건이 있어.

아빠: (놀라며) 무슨 조건이요?

랑프: 의궤를 데리고 있는 대신 5년마다 한 번씩 나에게 허락을 맡아야 해.

엄마: (매우 아쉬워하며) 평생이 아닌 5년마다요?
　　　허락을 받지 못하면 다시 돌려보내야 하나요?

랑프: 나와 그쪽 가족과의 관계가 틀어진다면 그럴 수도 있지.

엄마: (마지못한 목소리로) 예, 알겠습니다.
그래도 다시 의궤와 살게 해주셔서 감사합니다.
랑프: 사실 의궤를 그냥 데려온 나도 잘한 건 없으니까 고마워하지는 않아도 돼.
앞으로 우리 계속 사이좋게 지내지 않을래?
아빠: 좋아요, 랑프님. 우리 계속 좋은 사이로 지내기로 약속해요.

그 뒤로 5년마다 한 번씩 랑프에게 허락을 맡으며, 의궤 가족은 지금도 행복하게 살고 있답니다.

이야기를 읽은 후

우리나라의 문화재인 의궤를 5년마다 한 번씩 빌려야 하는 이유는 무엇인가요?

_____

실제로 조선의 의궤는 왜 프랑스로 가게 되었는지 '병인양요'와 관련하여 조사해 보세요.

_____

때: 어느 가을

곳: 강화도 갯벌, 강화풍물시장 내

나오는 사람들: 수저, 가락, 고구마 가게 사장, 순무 가게 사장, 약쑥 가게 사장, 해설사

어느 날, 강화도 갯벌에 사는 저어새 친구들이 날아왔어요. 이름은 수저와 가락이었습니다.

수저, 가락: 여러분, 안녕? 우린 수저, 가락이라고 해. 만나서 반가워!
가락: 수저야, 우리 맨날 갯벌에서만 있으니 심심하지 않니? 우리가 사는
  강화도에는 아주 유명한 것들이 많대. 우리 한번 그곳에 가볼래?
수저: 그래, 좋아. 아주 재미있겠는걸?

수저와 가락이는 강화풍물시장으로 날아갔어요. 한참을 날아 풍물시장 앞 입구에서 내렸어요.

가락: 우와~! 저길 보니 강화풍물시장이라는 간판이 보이는데
  한번 들어가 볼까?
수저: 좋아. 가보자.

수저와 가락이가 풍물시장 안으로 들어가자, 시장 안의 풍경이 나타났어요.

가락: 저기 봐. 고구마를 팔고 있어.
고구마 가게 사장: 밭에서 금방 딴 강화 속노랑고구마가 있습니다.
많이들 사가세요.
수저: 엥? 속노랑고구마?
가락: 사장님, 속노랑고구마와 일반 고구마는 뭐가 다른 건가요?
고구마 가게 사장: 하하하. 속노랑고구마는 말이죠. 다른 고구마들에 비해 속이 더 노랗고 씹으면 아주 부드럽답니다. 그리고 꿀이 들어간 것처럼 아주 달콤하지요. 밤고구마는 담백하지만 먹기엔 좀 뻑뻑하거든요? 속노랑고구마는 입에서 살살 녹는답니다.
(잘 익은 고구마를 건네며) 한번 드셔 보세요.
가락: (눈이 휘둥그레지며) 우와! 진짜 꿀처럼 달콤하고 입에서 사르르 녹아요. 너무 맛있다!
수저: (화가 난 표정으로) 칫! 가락이 너 혼자 먹기냐?
콩 한 쪽도 함께 나눠 먹어야지! 의리 없게. 흥!
고구마 가게 사장: 에이, 여기서 싸우지들 마세요.
더 드릴 테니 맘껏 드셔 보세요.
수저, 가락: (고개를 숙여 인사하며) 감사합니다, 사장님.

고구마를 맛있게 먹은 수저와 가락이는 근처 옆 가게로 이동했어요.

순무 가게 사장: (순무를 두 손에 들고 크게 외치며) 순무 사세요!
순무 사세요! 알싸하고 아삭한 순무 사세요!

가락: (순무를 가리키며) 수저야. 저기 봐!
보기에는 무같이 생긴 게 자주 색깔이 나는데?

순무 가게 사장: 저어새 친구들, 이건 순무예요.
순무는 우리가 평소에 먹는 무와 비슷하지만 알싸하면서
인삼 맛이 나는 것이 특징이랍니다.
주로 김치나 장아찌로 만들어 먹어요.

수저: 아저씨, 한번 먹어 봐도 되나요?

순무 가게 사장: (손을 앞으로 내밀면서) 그럼요, 얼마든지 드셔보세요.

수저와 가락이는 맛있게 순무를 먹었어요.

수저: (맛있게 순무를 먹으며) 아삭아삭한 게 진짜 인삼 맛이 느껴져!

가락: (순무를 꿀꺽 삼키며) 와~ 진짜 맛있다! 깍두기 무랑 다른 매콤한 맛이나.

순무 가게 사장: 저어새 친구들, 강화도에는 순무 말고 사자발약쑥도
유명하답니다. 거기도 가보실래요?

수저: 사자발약쑥은 어디로 가면 볼 수 있나요?

순무 가게 사장: (손으로 오른쪽을 가리키며) 쭉 가다가 오른쪽으로 꺾으면 됩니다.

가락: (고개를 숙여 공손히 인사를 하며) 감사합니다.

수저: (재촉하는 목소리로) 가락아, 얼른 가보자!

수저와 가락이는 가게를 돌아 약쑥 가게로 이동했어요.

가락: 사장님, 안녕하세요. 순무 가게 사장님께서 사자발약쑥이 강화에서 유명하다고 하셔서 보러 왔습니다.

약쑥 가게 사장: (반갑게 맞이하며) 오, 그래요. 아주 잘 오셨어요. (사자발약쑥을 건네며) 이게 바로 사자발약쑥입니다.

수저: 사자발약쑥은 사자 발의 모양을 닮아서 이름이 붙여진 건가요?

약쑥 가게 사장: 맞아요. 잎의 모양이 사자 발의 모양을 닮았다고 해서 사자발약쑥이라고 불린답니다.

가락: (크게 환호하며) 와~! 정말 잎의 모양이 큰 사자의 발처럼 생겼네?

수저: (고개를 갸웃거리며) 근데 왜 강화에는 사자발약쑥이 유명한가요?

약쑥 가게 사장: 그건 강화 지역이 덜 오염되어서지요. 땅의 성질도 화강암 성분으로 이루어져 흙의 영양분이 풍부합니다. 그래서 다른 곳보다 더 튼튼하고 깨끗하게 자라지요.

가락: (어깨를 으쓱하고 잘난 체를 하며) 어쩐지~ 우리 고장 강화에서 나서 그런지 냄새부터 다르더라고요.

모두가 크게 웃었어요.

수저: 사장님, 근데 사자발약쑥으로 어떤 음식을 만들어 먹나요?
약쑥 가게 사장: 주로 쑥떡을 만들어 먹지요.

가락: (수저의 어깨를 급하게 두드리며) 앗! 수저야.
　　　우리 화문석 체험장에 갈 시간이 다 되었어.
수저: (고개를 갸우뚱하며) 가락아, 근데 화문석이 뭐야?
가락: 응, 화문석은… 꽃 화, 새길 문, 자리 석.
　　　왕골이라는 식물로 꽃무늬 등을 수놓은 돗자리를 화문석이라고 해.
수저: (재촉하듯이 먼저 움직이며) 와, 멋있겠는걸? 우리 당장 가보자!
가락: 수저야~!! 같이 가야지! (손을 흔들며) 사장님, 안녕히 계세요.

　가락이는 수저를 따라 화문석 체험장으로 날아갔어요.

수저와 가락이의 얼렁뚱땅 강화 여행

해설사: (상냥한 목소리로) 어서 오세요. 화문석 체험장에 오신 것을 환영합니다.

수저: 안녕하세요. 저희는 강화도 화문석에 대해 알아보러 왔어요.

해설사: 네, 아주 잘 오셨습니다. 화문석의 재료인 왕골은 주변의 습기를 잘 흡수해서 여름엔 아주 시원해요. 겨울철에는 바닥의 차가운 냉기가 올라오는 것을 막아주어 따뜻하답니다.

가락: 해설사님, 그런데 강화도에서는 언제부터 화문석이 만들었는지 궁금해요.

해설사: (밝게 미소를 지으며) 아주 좋은 질문이에요. 화문석은 고려시대 이전부터 만들기 시작했는데, 인삼과 함께 중국으로 수출할 만큼 품질이 매우 뛰어났대요. 조선 시대에는 왕실에서 쓰는 도안을 특별히 제작하면서 지금과 같이 화려한 문양의 화문석이 만들어지게 되었답니다.

그때 갑자기 알람 소리가 울렸어요. 띠~ 띠~ 띠~.

해설사: 앗! 친구들, 정말 미안해요. 다음 순서로 예약한 체험 손님이 올 시간이에요.

수저: (아쉬워하는 목소리로) 그럼 다음에 체험하러 다시 오겠습니다.

가락: (손을 흔들며) 그럼, 안녕히 계세요.

수저와 가락이는 다시 강화도 갯벌로 돌아왔어요.

가락: 수저야, 오늘 강화풍물시장 여행 정말 재미있지 않았니?
수저: 응, 정말 의미 있는 시간이었어.
강화도에 이렇게 많은 특산물이 있는 줄 몰랐지 뭐야.
가락: 자연환경도 좋고 특산물도 많이 나는 강화도에 살고 있다는 게
너무 자랑스러워.
수저: 가락아, 이제부터 우리 마을 강화도를 더욱 아끼고 사랑하는
마음을 가지자!

가락: 여러분들도 강화도에 꼭 놀러 오세요. 꼭이요!

가락, 수저: (손을 흔들며) 그럼, 이만. 친구들, 모두 안녕.

이후에도 강화도에는 저어새 친구들이 행복하게 살았답니다.

이야기를 읽은 후

소개된 강화의 특산물 중 한 가지를 말해 보고
그 특징은 무엇인지 친구들에게 설명해 보세요.

_____

강화도에는 소개된 특산물
이외에 많은 것이 있습니다.
다른 특산물들을 찾아
소개해 보세요.

_____

교육과정 연계

초등 4학년 교육과정 연결짓기

1. 1학기 주제 중심 재구성 프로젝트: 지공생(지구와 공존하는 생태환경교육)

교과	단원	주제	주제중심 재구성 내용	강화 아이들이 읽고, 걷고, 쓰며 만든 강화 이야기
국어	4. 일에 대한 의견 5. 내가 만든 이야기	기후위기대응	▷ 기후위기 자연재해, 멸종위기 동물 등 주제 탐구 ▷ 사서교사와 함께하는 슬로우리딩 '내일' ▷ 영양교사와 함께하는 기후위기대응 식생활 ▷ 환경 시화 짓기	01. 아기 저어새 실종 사건 02. 아장이의 대모험 03. 버리지 말고, 버려 주세요! 04. 깜장 탐정 사무소 06. 평화의 길을 걸으며 통일을 꿈꾸다!
	8. 이런 제안 어때요		▷ 강화군청 민원실에 환경문제 관련 제안하는 글쓰기	
사회	2. 지역 문제와 주민 참여	생태 탐구 현장체험학습	▷ 지역사회 환경문제 조사 및 해결 방안 토의하기 ▷ 인천 국립 생물 자원관 ▷ 청라 사업소 쓰레기소각장 ▷ 수도사업소(선원 하수처리 종말장)	
도덕	우리가 만드는 도덕 수업 1. 작은 실천, 아름다운 세상	조류산림 힐링치유학교	▷ 저어새 서식지 탐조(인천 남동 유수지) ▷ 나는 저어새와 함께 자라나 ▷ 학교숲 자연의 소리 찾기, 자연에게 엽서쓰기 ▷ 흙물감으로 저어새 만들기, 자연음식 시식	
수학	5. 막대그래프	기후위기대응	▷ 통계청 누리집 기후위기 대응관련 자료 조사 ▷ 실태조사 결과를 막대 그래프로 나타내기 ▷ 환경 관련 막대그래프로 수학적 스토리텔링하기	
과학	3. 식물의 한살이	생태야, 함께 놀자!	▷ 남산 교외 생태수업 ▷ 나만의 반려식물 기르기(학급 교실) ▷ 식목일기념 나무 심기(학교 화단)	
미술	5. 느낌과 생각을 다양하게	기후위기대응	▷ 지역사회 전문가와 함께 천연 염색티 만들기 ▷ 환경 시화 작품전시회	
창체 (자율) (봉사)	생태전환교육	저어새 자연학교 (지역사회 생태전문가)	▷ 저어새가 행복한 습지 ▷ 생물 다양성 이해 교육 ▷ 저어새에게 먹이 달아주기, 생태 먹이그물 놀이 ▷ 조류충돌방지 이해 교육	
		지역사회와 함께하는 해양학교	▷ 해양환경 이동교실버스(해양쓰레기) ▷ 갯벌 생태교육	
		(주)두들러 생태전환학교	▷ 지구온난화 및 탄소중립 교육 (탄소발자국 계산, 탄소중립 보드게임, 에코손수건) ▷ 자원순환교육(쓰레기 분리 배출 및 토너먼트게임)	
		생태야, 함께 놀자!	▷ 석모도 수목원 원어민교사와 함께하는 숲놀이 ▷ 생태전환 보드게임 만들고 놀이하기	
		합일 큰사람학교	▷ 학교주변 및 강화읍 일원 환경정화 플로깅 활동 ▷ 학부모와 함께하는 No 플라스틱 캠페인 서명운동	

2. 2학기 주제 중심 재구성 프로젝트: 강화이음교육 '강화를 보여줘'

교과	단원	주제	주제중심 재구성 내용	강화 아이들이 읽고, 걷고, 쓰며 만든 강화 이야기
국어	4. 이야기 속 세상	그림자극을 이해해요	※ 「꼬마 오즈」 인형극 관람 ▷ 강화를 보여줘! 프로젝트 안내 ▷ 이야기가 예술로 구현되는 과정 탐색	01. 아기 저어새 실종 사건 05. 강화도, 독립 운동을 외치다! 07. 의궤를 찾아서 08. 수저와 가락이의 얼렁뚱땅 강화 여행
국어	5. 의견이 드러나게 글을 써요	이야기를 만들어요	※ 이야기 초안 작성 및 인물, 배경, 사건이 드러나도록 구성하기 ▷ 그림자극 주제 설정 ▷ 시나리오 작성 ▷ 강화도와 관련된 책을 읽고 이야기 나누기	
국어	8. 생각하며 읽어요	그림자극 대본을 완성해요	▷ 전문가와 함께하는 그림자극 수업(80분씩 3회) ▷ 다양한 구성으로 이야기 극본 표현하기	
도덕	5. 하나 되는 우리	강화도를 알아봐요	▷ 강화도를 위해 애쓰고 수고하신 조상 또는 현존하는 사람들의 업적 조사 ▷ 강화 평화전망대 관람(북한 바라보기, 평화통일 글쓰기), 태극기 휘날리며 평화길 걷기	
사회	2. 다양한 문화에 대한 이해와 존중	강화도를 알아봐요	※ 강화 원도심투어 ▷ 고장에 대한 역사, 이야기 등 지역적 특성 탐색 및 조사 ▷ 그림자극에 적합한 자료 조사	
과학	3. 그림자와 거울	그림자의 원리를 알아봐요	▷ 그림자의 원리 이해하기 ▷ 빛과 그림자 탐구하기	
음악	2. 느낌을 담아 - 타악기 놀이공원	그림자극에 음악을 더해요	▷ 다양한 악기를 활용해 다양한 소리를 탐색하기 ▷ 그림자극에 어울리는 음악 정하기	
미술	4. 개성 있는 캐릭터	그림자극에 캐릭터를 더해요	▷ 시나리오에 등장하는 다양한 캐릭터 만들기 ▷ 다양한 표정과 몸짓 표현하기	
창체 (자율)	자율	강화도를 표현해요	▷ 역할 배정, 배경 음악, 소품 활용, 대사 암기 등 학생 주도적인 그림자극 공연 연습, 친구들의 연습 공연을 보며 상호 피드백 및 수정 보완 ▷ 그림자극 최종 공연하기	

남산에 있는 꽃집

김태완

우리 집에 꼬마가 왔네
호기심에 가득 차서 뚜벅뚜벅
우리 집에 왜 왔니 왜 왔니
꽃 찾으러 왔어요 왔어요
방긋방긋 웃으며
꽃 한 송이 내어주니
꼬마 얼굴이 방글방글
내 마음은 싱글벙글

― 남산 교외학습 '우리 집에 왜 왔니 왜 왔니'(2023.3.30.)

1반 대 2반

김시은

남산에서 논다.
1반하고 2반이 논다.
우리 집에 왜 왔니 왜 왔니
1반 2반이 싸우는 것 같다.

두 번째도 논다.
무궁화 꽃이 피었습니다.
두근두근 술래에 걸릴까 봐
나도 모르게 살금살금

― 남산 교외학습 '무궁화꽃이 피었습니다'(2023.3.30.)

음식물아 변해라!

박채현

음식물 처리장으로 출발
음식물 처리장으로 쿵쿵쿵
음식물 잘리는 것이 신기신기

음식물은 사료가 되는 곳으로 이동
음식물 사료가 되어 신기신기
애들이 궁금해서 웅성웅성

음식을 남기면 사료가 되지만
지구는 아파서 시들시들
애들은 고민이 많아 알쏭달쏭

— 인천청라사업소 쓰레기 소각장 현장체험학습(2023.4.20.)

쓰레기를 활활

박민서

쓰레기 소각장에 들어가면
쓰레기가 가득가득

위에서 집게가 내려오자
봉지가 뚫린다 뻥뻥
안에 있던 쓰레기는 와르르

뽑기 같다는 소리에 웅성웅성

쓰레기를 태운다 활활

쓰레기를 줄이자 우리 모두

― 인천청라사업소 쓰레기 소각장 현장체험학습(2023.4.20.)

오색무늬 널렸네

박인영

천연 염색으로
예쁜 옷을 만들자
빨강, 파랑, 노랑
알록달록 빛깔
너무너무 기대된다

고무줄로 꽁꽁꽁꽁
염색물에 퐁당퐁당
손가락은 주물주물
땀은 이마에 방울방울
깨끗한 물 속에 휘릭휘릭
빨랫줄에 오색무늬 널렸네
찬란한 옷 바람에 철렁철렁
내 마음은 콩닥콩닥

— 나만의 천연염색 옷 만들기(2023.5.2.)

달달한 내 케이크

김도윤

먼저 빵에다 생크림 뿌지직
이걸 또 여러 번
그 위에다 과일을 쏘옥
와 재밌다!
완전 이쁘고 맛있어
마지막으로
내 입에 쏘옥
역시 부드럽고 달달해
내 마음처럼

— 가정의 달 기념 케이크 만들기(2023.5.4.)

온 세상이 초록초록

이진성

학교 숲으로 가자!
자연에 대한 시를 쓰고
그림도 그린다.

나무는 초록초록
밑을 봐도 초록초록
온 세상이 초록초록

연근차를 마셔 보라니
한번 맛은 봐야지!
이건 무슨 맛이지?
건강한 맛이야!

— 저어새 힐링 치유 프로그램(2023.6.15./6.22./6.29.)

여름이 되면

이지후

여름이 되면
아이들은 땀을 뻘뻘
폭포처럼 쏟을 텐데
너무나도 더워서
공부에 집중이 안 될 텐데

냉방기를 틀고 싶지만
계속 틀고 있을 수 없어
빨리 오이 커튼을 만들자

창문 앞에 씨앗을 심으면
잎과 줄기가 위로 쑥쑥

잎이 펼쳐지며 커튼 완성
오이들이 주렁주렁 장식한다
따가운 햇볕을 가려 주고
우리 눈을 시원하게 해주고
여름이 와도 이제 끄떡없네

— 학급 오이 녹색 커튼 만들기(2023.5.~7.)

멸종 위기 동물을 지켜요

권태민

멸종 위기 동물을 지키자!!
어떤 동물이 있을까?
저어 저어 저어새
반짝 개굴 금개구리
꽥꽥 뒤뚱 펭귄
다양한 멸종 위기 동물들!!
얘들아, 아프지 말고 잘 자라라
지구에서 사라지면 안 돼

— 생태전환교육 '멸종위기동물' 토의학습(2023.9.27.)

평화길 걷기

황주하

친구들과 함께
태극기를 휘날리며
펄럭펄럭!
평화길을 쿵쿵! 쾅쾅!
친구들과 함께 쿵쾅쿵쾅!

뾰족뾰족 철조망을 지나며
우리들은 이야기를 조잘조잘
한번은 군인처럼 착착! 착착!
한번은 우리 걸음으로 처벅처벅

재미있게 걷는 우리
통일이 되는 꿈을 꾸는 우리
평화길을 걷는 우리

— 평화길 걷기 대행진(2023.10.30.)

세상 모든 것에 감탄하는
지혜로운 사람들의 공간
호밀밭

강화 아이들이 만든 두근두근 강화 이야기 2
4학년 편
ⓒ 2024, 합일초등학교 4학년

초판 1쇄	2024년 03월 29일
지은이	합일초등학교 4학년
펴낸이	장현정
편집장	박정은
편집	이영빈
디자인	최효선
마케팅	최문섭
펴낸곳	호밀밭
등록	2008년 11월 12일(제338-2008-6호)
주소	부산 수영구 연수로 357번길 17-8
전화	051-751-8001
팩스	0505-510-4675
홈페이지	homilbooks.com
전자우편	homilbooks@naver.com

ISBN 979-11-6826-177-8 (73810)

※ 이 책 내용의 전부 또는 일부를 재사용하려면 반드시 저작권자와 출판사의
  동의를 받아야 합니다.
※ 가격은 뒤표지에 표시되어 있습니다.